Qui sont les Ennemis du Peuple et Comment Ils Luttent Contre le Changement: et les Autres

Janvier Tchouteu

TISI BOOKS

NEW YORK, RALEIGH, LONDON, AMSTERDAM

Les Titres par Janvier Chouteu-Chando

The Usurper: et autres histoires
Agent Triple, Double Croix
Les Disciples de Fortune
L'Union Moujik
Le Flash du Soleil
L'Appel de Fortune
Le Maître de Fortune
Les enfants de Fortune
Les Ours de Norilsk
La Fille sur le Sentier
La Légende du Feu et de la Glace
La plus douce folie
Les Grand-mères
L'Incendie de la Faim
Moi avant Eux
Le Père et les Fils
Les Médecins
Les Teintes Sombres
Liens Fatidique
Le Verdict de l'Hadès
Le Procès de Sa Majesté
La Folie de Ngoko
L'Usurpateur
Le Dot
Je suis Détesté
Le Lourdaud

Titres Non-Fiction par Janvier Chouteu-Chando

LEUR DERNIÈRE POSITION: Pourquoi la Victoire…de Donald Trump
UN ENGAGEMENT CASSÉ: Pourquoi il y aura une Victoire pour…Trump
LE EFFET DU CANARIE DANS UN MINE DE CHARBON .Assassinats
L'Ukraine: le Tir à la Guerre entre la Russie et l'Occident
Le Cameroun: Le Cœur Hanté de l'Afrique

Les Nouveaux Titres de Janvier Chouteu-Chando

Le Faucon Blanc
La Dérive à la Maison
Les Amis Mortels

ÉPIGRAPHE

"Le temps pour les révolutionnaires avec la liberté totale de manœuvre est terminé."
—*CHRISTOPHER NKWAYEP-CHANDO*

REMERCIEMENTS

Les mots spéciaux d'appréciation à Christopher Nkwayep-Chando et Dr. Samuel F. Tchwenko.

DÉVOUEMENT

Dédié à la mémoire aimante de George Ngwayep-Tormen.

Les Citations

« Le Cameroun n'est pas un pays d'esclaves que personne ne peut libérer.»

Janvier Chouteu-Chando

"Chaque grande cause commence comme un mouvement, devient une affaire, et finit par dégénérer en un racket."

Eric Hoffer

« Nous ne sommes pas impliqués dans cette lutte seulement parce que nous pensons que nous allons démanteler ce système dans la durée de notre vie. Nous espérons que le Cameroun changera demain. Mais si ce n'est pas le cas, nous serons heureux de savoir que nous avons rendu le terrain fertile pour la prochaine génération qui mettra fin à la pourriture dans ce pays et puis établir le CAMEROUN NOUVEAU.»

Dr. Samuel F. Tchwenko, ex-UPCist et le chef 'idéologue du SDF historique de 1990-2002

«Cependant, les partis politiques peuvent, parfois répondre à des fins populaires, ils sont susceptibles, au fil du temps et des choses, de devenir de puissants moteurs grâce auxquels des hommes rusés, ambitieux et sans scrupules pourront subvertir le pouvoir du peuple et usurper pour eux-mêmes les rênes du gouvernement, détruisant par la suite les moteurs mêmes qui les ont portés à la domination injuste. "

George Washington

« L'ennemi ce n'est pas celui qui te fait face l'épée à la main mais celui qui est derrière toi poignard dans le dos."
Thomas Sankara

« Nous savons que l'Afrique n'est ni Française, ni Britannique, ni Américaine, ni Russe, qu'elle est Africaine. Nous connaissons les objets de l'Occident. Hier, ils nous ont divisés au niveau d'une tribu, d'un clan et d'un village...Ils veulent créer des blocs antagonistes, des satellites ... »
Patrice Lumumba

« Vous voyez ces dictateurs sur leurs piédestaux, entourés par les baïonnettes de leurs soldats et les matraques de leur police ... mais dans leurs cœurs il y a une peur inexprimée. Ils ont peur des mots et des pensées: les mots prononcés à l'étranger, les pensées qui bougent chez eux - d'autant plus puissantes parce qu'elles sont interdites - les terrifient. Une petite souris de pensée apparaît dans la pièce, et même les potentats les plus puissants sont plongés dans la panique. »
Winston S. Churchill

« ... Le monde est béni de temps en temps avec des âmes uniques qui, bien que chargées de leurs croix invisibles, ont toujours la force extraordinaire d'avancer dans la vie et de donner un coup de main aux autres en même temps. Malgré leurs tribulations, la plupart d'entre nous pensent qu'ils vont bien. Même quand le poids de leurs croix devient insupportable, même quand ils se déroulent d'une manière haletante, nous avons encore du mal à comprendre qu'ils se noient. En fait, nous les condamnons même pour ne pas avoir sacrifié plus ... »
Janvier Chouteu-Chando, « Disciples de la Fortune »

« Nous trouvons qu'à présent la race humaine est divisée en un homme sage, neuf fripons, et quatre-vingt-dix imbéciles sur cent. C'est, par un observateur optimiste. Les neuf coquins se rassemblent sous la bannière des plus vulgaires d'entre eux et deviennent des «politiciens»; le sage se démarque, parce qu'il sait qu'il est désespérément en infériorité numérique, et se consacre ainsi à la poésie, aux mathématiques ou à la philosophie; tandis que les quatre-vingt-dix imbéciles se marchent sous les bannières des neuf méchants, selon l'imagination, dans les labyrinthes de la chicane, de la méchanceté et de la guerre. C'est bon d'avoir la commande, Sancho Panza a observe, même sur un troupeau de moutons, et c'est pourquoi les politiciens élèvent leurs bannières. C'est d'ailleurs la même chose pour le mouton quelle que soit la bannière. Si c'est la démocratie, alors les neuf fripons deviendront membres du parlement; si le fascisme, ils deviendront des chefs de parti; si le communisme, les commissaires. Rien ne sera différent, sauf le nom. Les fous seront toujours des imbéciles, les fripons encore des chefs, les résultats encore exploités. Quant au sage, son sort sera le même sous n'importe quelle idéologie. Sous la démocratie, il sera encouragé à mourir de faim dans une mansarde, sous le fascisme, il sera mis dans un camp de concentration, sous le communisme, il sera liquidé. »

T.H. blanc

"La loyauté envers le pays, TOUJOURS. La loyauté envers le gouvernement, quand il le mérite."

Mark Twain

"Un minimum de confort est nécessaire pour la pratique de la vertu."

Patrice Lumumba

« La plus grande difficulté rencontrée est constituée par l'esprit néo-colonial qu'il y a dans ce pays. Nous avons été colonisés par un pays, la France, qui nous a donné certaines habitudes. Et pour nous, réussir dans la vie, avoir le bonheur, c'est essayer de vivre comme en France, comme le plus riche des français. Si bien que les transformations que nous voulons opérer rencontrent des obstacles, des freins.»
Thomas Sankara

"Ils ont écrit dans les vieux jours qu'il est doux et convenable de mourir pour son pays. Mais dans la guerre moderne, il n'y a rien de doux et de convenable dans votre mort. Vous allez mourir comme un chien sans raison valable."
Ernest Hemingway

Contents

LES CARTES

Le Cameroun sur une carte du monde

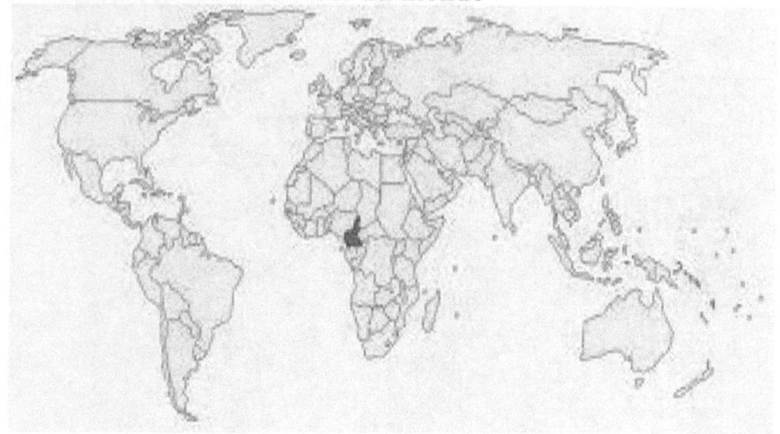

Le Cameroun sur une Carte de l'Afrique

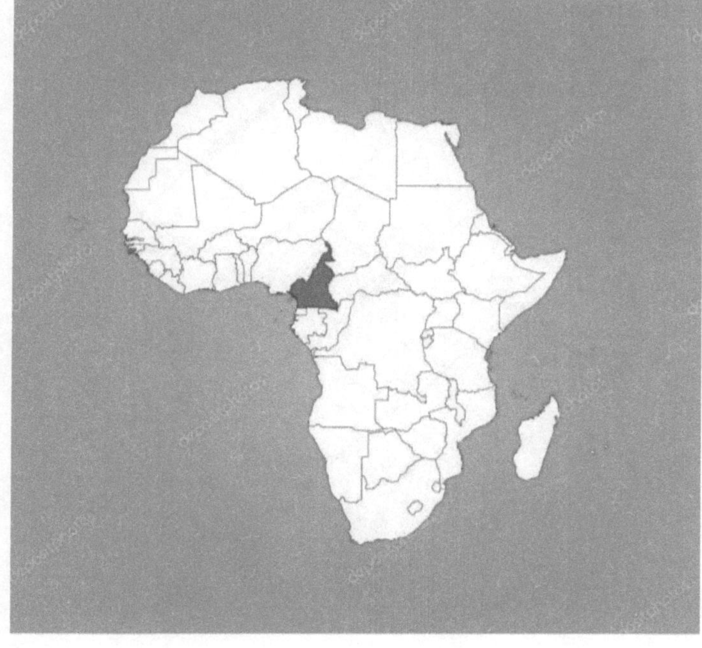

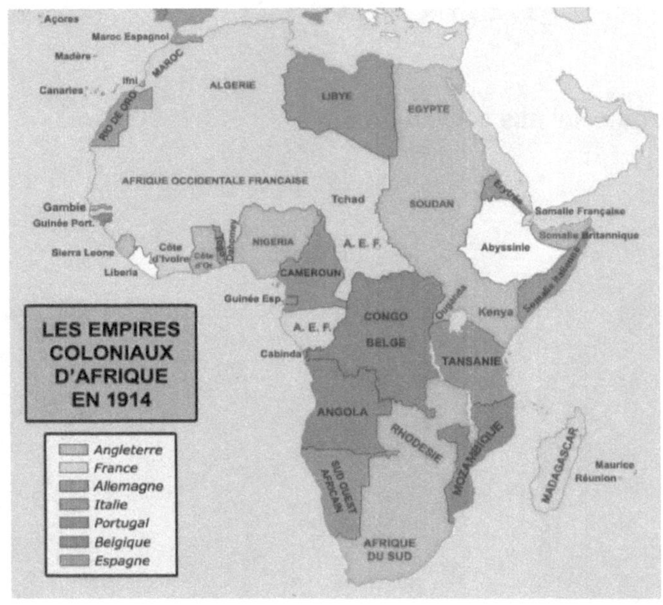

Les Pays D'Afrique

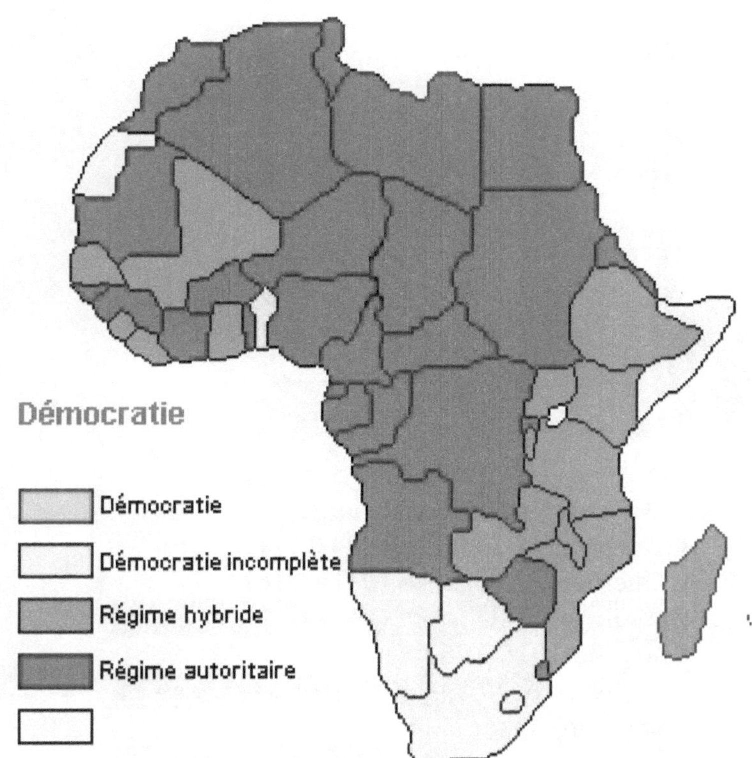

Démocratie
Démocratie
Démocratie incomplète
Régime hybride
Régime autoritaire

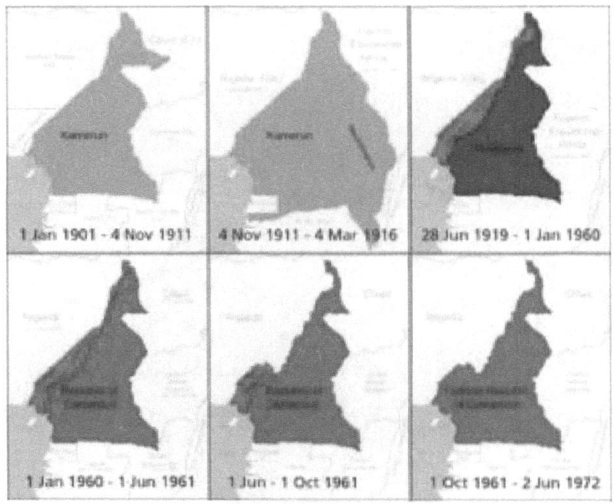

La Carte Historique du Cameroun:

1. Cameroun Allemand (1884-1911)
2. Cameroun Allemand (1911-1916)
3. Cameroun Britannique & Cameroun Français: 1916-1960
4. Cameroun Britannique & La République du Cameroun (1960-61)
5. Southern Cameroons Britannique & La République du Cameroun (1960-61)
6. Réunifie—La République Fédérale du Cameroun (1961-1972)

Qui sont les Ennemis du Peuple et Comment Ils Luttent Contre le Changement: et les Autres

INTRODUCTION

La cause pour le changement que la majorité des peuples Camerounais (les masses qui luttent) poursuivent ne porte pas ses origines du vent de changement (l'appel à une démocratie dynamique au Cameroun) que le Glasnost et la Perestroïka qui ont été initié par Mikhaïl Sergueïevitch Gorbatchev, le leader de l'Union Soviétique ont engendré à travers le monde, un vent de changement qui a secoué ces systèmes politiques qui ne se conformaient pas aux exigences de la civilisation mondiale et du progrès. Nous parlons ici de ces mauvais gouvernements qui ont échoué à placer la liberté et l'indépendance de l'homme, et l'intérêt de l'humanité au-dessus de l'intérêt tordu de la minorité égoïste sans scrupules.

La cause du changement, connue sous le nom de "La Lutte Camerounaise (La Lutte Kamerunaise), a commencé en 1910 sous la direction de Martin Paul Samba (Mebene Mebongo). Les patriotes Camerounais, qui acceptent l'un l'autre, indépendamment de l'ethnie, de la race, de la religion ou de l'origine de leurs compatriotes, reconnaissent que la première phase de la lutte Kamerunaise (Camerounaise) a été vaincue en 1914 par l'armée coloniale

Allemande suite à l'exécution de Martin Paul Samba et Rudolf Duala Manga Bell, les deux nationalistes-civiques les plus importants de la colonie à l'époque. Ils acceptent également le fait qu'en raison de cette défaite, la terre a perdu une force patriotique ou une force nationaliste-civique qui est unifiant, pour assurer l'unité de Kamerun pendant et après la Première Guerre Mondiale (la Grande Guerre), un vide qui a joué contre le peuple Kamerunaise lorsque les puissances coloniales victorieuses (la France et la Grande-Bretagne) ont divisé le Kamerun après la guerre, la colonie qu'ils ont conquis d'Allemagne.

La léthargie qui suivit la première défaite de la lutte Kamerunaise et la partition du Kamerun Allemand d'avant 1911 en le Cameroun Français et en les Cameroons Britannique (Le Cameroun du Nord Britannique—*British Northern Cameroons* et Le Cameroun du Sud Britannique—*British Southern Cameroons*) dura trente ans, soit l'équivalent d'une génération, avant que les peuples de l'ancienne colonie Allemagne divisés ont ravivé leur conscience nationale. Cette fois-ci, la relance des objectifs originels de la lutte Kamerunaise—l'indépendance, la liberté, la justice, le développement, l'unité, la paix, la démocratie, la liberté, le progrès, la coopération internationale et la fraternité internationale—a été réalisée avec un objectif supplémentaire de réunir un peuple qui, sans faute de leur part, avait été séparé l'un de l'autre pour été séparés afin de satisfaire les intérêts de la Grande-Bretagne, de la France et des autres puissances étrangères.

La tâche de réunir les Kamerunaises signifiait aussi atténuer les conséquences de la partition et mettre la terre et ses habitants sur le chemin pour réaliser le but originel de la lutte Kamerunaise incarnée dans les mots «LE REVE KAMERUNAISE» (LE RÊVE CAMEROUNAIS). Cette deuxième phase de la lutte Camerounais dominée par la quête de la réunification du Cameroun Britannique et du Cameroun Français a été menée par l'UPC (Union des Populations du Cameroun), un parti politique légal né au Cameroun Français le 11 avril 1948. L'UPC et ses partis politiques affiliés commandaient plus de 90% du soutien des Camerounais éduqués au Cameroun Français et au Cameroun Britannique et bénéficiaient du soutien ouvert ou tacite de plus de 80% des Camerounais dans les deux territoires avant les autorités Françaises vindicatives et craintives ont interdit l'UPC le 13 juillet 1955, un décision qui a été soutenu deux ans plus tard par les autorités Britanniques dans les Cameroons Britannique quand les autorités là ont également interdit l'UPC en 1958. Avec l'élimination de la scène politique du parti qui était le mouvement le plus dominant de la terre et qui était le meilleur reflet des aspirations du peuple Camerounais, Les conditions de réunification et d'indépendance des terres de l'ancien Kamerun Allemand (le Cameroons Britannique et le Cameroun Français) étaient dans une situation difficile.

Le fait que, après son interdiction, l'UPC n'ait pas eu d'autre choix pour mener librement "les masses Camerounaises" dans la lutte à leurs aspirations, le fait que les puissances coloniales percevaient l'UPC comme un obstacle dans leur conception et leur influence sur l'ancien Kamerun Allemand, et le fait que ses membres étaient traqués et tués, l'UPC est finalement arrivé à la conclusion qu'il n'avait pas d'autre choix que de recourir à la voie de la résistance armée. La décision douloureuse qui a conduit à plus de dix ans de résistance armée a énormément contribué à l'évolution politique des territoires de l'ancien Kamerun Allemand et à la réunification partielle de ces territoires (Cameroun du Sud Britannique et Cameroun Français), mais elle s'est soldée par la mort de plus d'un demi-million de Camerounais (10% de la population), et il est arrivé avec la perte du Cameroun du Nord Britannique au Nigéria. Oui, la cause qui a motivé la réunification et l'indépendance du Cameroun a abouti à la réunification du Cameroun du Sud Britannique et la République du Cameroun (l'ancien Cameroun Français) en 1961, suite aux résultats du plébiscite au Cameroons du Sud Britannique (*British Southern Cameroons*), mais le prix que le peuple ont payé était très élevé—Les Camerounais ont été témoins du premier cas de crimes contre l'humanité commis par l'armée Française au Cameroun Français et par la régime fantoche que la France a mis en place après avoir fait du Cameroun Français un membre de l'Organisation des Nations Unies le 1er janvier 1960 en lui accordant l'indépendance dans un processus qui a effectivement fait du territoire une possession néocoloniale de la France.

L'assassinat de Ruben Um Nyobe (le chef de l'UPC) le 13 septembre 1958 par les forces Françaises; l'empoisonnement de son successeur Félix-Roland Moumié à Genève en octobre 1960 par William Bechtel, un agent des services secrets Français; et l'exécution du troisième chef historique de l'UPC Ernest Ouandié, le 15 janvier 1971, après en août 1970 il s'être livré aux forces du régime d'Ahmadou Ahidjo, qui était installé par la France; marque la deuxième défaite de la lutte, l'enracinement réussi du système imposé par la France sous le régime de la marionnette Française Ahmadou Ahidjo (le premier président Camerounais), et une nouvelle réalité d'une pseudo-indépendance pour apaiser les peines et les émotions des Camerounais patriotes, qui dans leur majorité sont les masses qui luttent. Le système considérait la stratégie comme un moyen efficace de neutraliser le civisme-nationalisme populaire, un union-nationalisme très particulier que on appelé aussi le, qui est considéré comme un idéal avancé qui rassemble des peuples divers dans un continent infesté par les divisions ethnies, religieuses et raciales. La stratégie de la carotte et du bâton consistant à réprimer, a intimider, a donner des cadeaux, a extorquer, et a corrompre que les dirigeants politiques Français sous l'égide de FrancAfrique (la relation spéciale de la France avec ses anciennes colonies et territoires Africains établis avant de leur accorder l'indépendance) a soutenu le gouvernement d'Ahmadou Ahidjo, et soutient le régime usurpateur du successeur d'Ahidjo, Paul Biya, depuis qu'il a reçu le pouvoir d'Ahmadou Ahidjo en 1982.

Cette défaite de la deuxième phase de la lutte Camerounaise après la réunification du Cameroun a conduit à une seconde léthargie politique qui a même miné le caractère démocratique de l'ancien Cameroun Britannique dans un processus d'assujettissement qui a gardé le peuple Camerounais dynamique docile ou politiquement subjugué pendant deux décennies.

Aujourd'hui, nous sommes dans la troisième et

apparemment ou certainement la dernière phase de la lutte Camerounaise pour réaliser le Rêve Kamerunaise du "CAMEROUN NOUVEAU".

C'est flagrant pour tout le monde le fait que les masses Camerounaises qui luttent se sont débarrassés de leur léthargie politique; que leur détermination à réaliser les objectifs de la lutte Camerounaise (Camerounaise) vieille de huit décennies est clairement et résolument remise en question ou résistée par le statu quo ou le régime de président Paul Biya et ses bailleurs de fonds externes (la configuration politique Française sur l'Afrique autrement connue comme FrancAfrique) qui ont bénéficié de l'installation de la mafia appelée le système Camerounais, est quelque chose que le monde connaît. Mais les partisans du changement au Cameroun savent que se débarrasser du système anachronique imposé par la France est le seul recours qui permettrait aux Camerounais de construire "Le Nouveau Cameroun" qui impliquerait les Camerounais de tous les groupes ethniques et religieux, de tous les groupes affiliations politiques, et de toutes les régions et races dans le processus de construction de la nation. Les Camerounais savent que se débarrasser du système est la première étape de la réconciliation du Cameroun et des Camerounais.

Dans le pouvoir depuis 1982, c'est le dictateur absent de l'Afrique Paul Biya, qui a été fait le successeur de son prédécesseur Ahmadou Ahidjo par un ordre de l'ancienne présidente Française Françoise Mitterrand; un Ahidjo, lui-même qui était porté au pouvoir par les Français pour usurper les aspirations des Camerounais dans leur lutte de libération menée par l'UPC que la France a interdite en

1955, un parti politique avec plus de 80% des intellectuels du pays et encore plus de soutien national. La France avait assuré le pouvoir d'Ahidjo en décimant sa base de soutien dans une guerre de 12 ans contre le parti et en tuant tous les dirigeants de l'UPC (Un Nyobe 1958, Félix Moumié à Genève 1960, Ossende Ofana 1966, Ernest Ouandié 1971 etc.), par ce moyen laissant au Cameroun une nation hantée par une «lutte de libération inachevée». Aujourd'hui, les Camerounais ne cherchent pas seulement à se débarrasser de l'autocratie du dictateur Biya, ils essaient aussi de se débarrasser du système imposé par la France que ses gardiens veulent poursuivre avec quelqu'un d'autre après le départ de Paul Biya.

Chapitre Un

Les Ennemis du Peuple

La grande majorité du peuple Camerounais est conscient de la révélation historique que le changement est inévitable au Cameroun. Pourtant, ce besoin de changement depuis 1910 n'a pas faire arrivé la réalisation du Nouveau Cameroun. Nous avons tous été victimes de cette quête difficile, tortueuse, traîtresse et infructueuse de changement. L'exécution de nos premiers dirigeants nationalistes (Martin Paul Samba et Rudolf Duala Manga Bell) par l'armée coloniale Allemande en 1914, notre indifférence quant à cette perte, notre acceptation discrète de la partition du Kamerun Allemand par la Grande-Bretagne et la France qui ont crée le Cameroun Britannique et le Cameroun Français, et la suppression méthodique et le lavage de cerveau de notre nationalisme étaient autant d'indices des difficultés à venir pour la lutte Camerounaise de créer le "Cameroun Nouveau".

Oui, nous étions dans un état de léthargie pendant trois décennies après la partition, une léthargie qui nous a laissé sans enthousiasme et sans une force organisée pour répudier la partition que la France et la Grand Bretagne ont imposée sur notre terre et pour réaliser notre nationalisme renaissant dans le Cameroun Britannique et le Cameroun français. Ce nationalisme assumait un caractère unifiant en préconisant la réunification, l'indépendance, la liberté, la liberté, et le développement des deux territoires. Pourtant, c'était un désir populaire de changement marqué par la division, l'égocentrisme des dirigeants non engagés et les manœuvres extérieures des puissances coloniales. Le résultat de cette deuxième phase de la lutte Camerounaise fut un Cameroun partiellement réunifié et quasi indépendant, où ses dirigeants union-nationalistes Camerounaises (les Kamerunistes) d'expression Français furent éliminés, exilés ou subjugués; où ses union-nationalistes (les Kamerunistes) d'expression Anglais étaient exclus et intimidés dans la timidité; et où un système néo-colonialiste imposé par la France a été mis en place géré au Cameroun sur les régimes des marionnettes Ahmadou Ahidjo et Paul Biya.

Le premier président Camerounais, ses collaborateurs et ses maîtres français avaient peu ou pas de connaissance et de considération pour les vraies aspirations du peuple Camerounais. Par conséquent, nous ne pouvions nous attendre à ce que le régime d'Ahidjo et son successeur, le régime de Biya, livrent aux Camerounais le changement auquel ils aspiraient depuis 1910. C'est clair que la fondation du Cameroun quasi indépendant et réunifié était même défectueuse avant que la nation soit née en 1961. L'indépendance du Cameroun était défectueuse car elle s'est réalisée sous le régime usurpateur du premier président Camerounais Ahmadou Ahidjo et son marionnettiste la

France sans le consentement de la majorité des Camerounais qui constituent la force de notre union-nationalisme(le nationalisme-civique du Cameroun qui est une forme de nationalisme inclusive centrée sur le patriotisme qui favorise l'unité, la liberté, la tolérance, la justice, l'égalité, les droits individuels et la solidarité sociale).

Si les dirigeants usurpateurs ne pouvaient pas tuer en eux-mêmes toutes les valeurs, les schémas de pensée et les habitude que ils sont appris de leurs maîtres français, comment pouvions-nous nous attendre à ce qu'ils conduisent les Camerounais à vivre les valeurs et les changements qui mèneraient à une société nouvelle et souhaitable de nos rêves? Cette terre n'a jamais eu son destin entre ses mains puisqu'elle est devenue une entité consolidée. Les conceptions impérialistes françaises sous le couvert du système imposé par la France, la complicité des régimes Ahidjo et Biya, et la nature peu patriotique, peu scrupuleuse et peu complaisante de certains Camerounais ont contribué à brouiller le rêve Camerounais d'un changement authentique (la création de la société désirable) et la réalisation du Cameroun Nouveau. La tâche exigeante de nous libérer des chaînes de la dictature de Biya, le système de retardant que la France a imposé sur le Cameroun et l'étouffement de Camerounaises par les peuples avec la mauvaise disposition ne va pas être facile. Cette tâche exige la meilleure combinaison de raisonnement, d'enthousiasme et de désir rationnel. Ce sont nos insuffisances dans nos efforts concertés pour interpréter, pour manifester et pour appliquer les forces qui affectent le vent du changement au Cameroun aujourd'hui.

Le 26 mai 1990, marque un tournant dans l'histoire du Cameroun réunifié. La contrôle corrompue, oppressive, discriminatoire, nonchalante, antipatriotique et incompétente des régimes Ahidjo-Biya sous le système oligarchique imposé par la France devint opposée à travers le territoire national. Les Camerounais étaient déterminés à faire partie du vent de changement mondial engendré par la politique de Glasnost et de Perestroïka de Mikhaïl Gorbatchev en Union Soviétique.

"Assez, c'est assez", *"Nous voulons la démocratie, la liberté et la liberté"*, étaient quelques-uns des chants qui ont illuminé les marches de protestation à travers le territoire national.

Le peuple Camerounais n'était plus disposé à continuer à permettre à un system népotiste, ethnocentrique, oligarchique, corrompu et néo-colonialiste sous le régime de Biya et à ses contrôleurs français de déterminer le cours de leur destinée. Ils ont exprimé leur détermination à ne plus tolérer le poids de décennies d'oppression, de désinformation et de politiques malavisées pour les vider de leur dynamisme et les priver de réaliser leur rêve centenaire d'un Cameroun progressiste. Notre désir exprimé de changement était une aspiration populaire, qui appelait les Camerounais à rejeter les mauvais aspects de notre passé et à construire un Cameroun Nouveau qui est totalement et complètement positif. Notre détermination à ne pas être laissée pour compte dans le vent de changement mondial qui promettait de réaliser une société libre des nations a été comprise à travers l'Afrique et le reste du monde. Cependant, depuis 1990 que nous avons pris cette étape historique dans la troisième phase de la lutte Camerounaise, nous sommes loin du changement ou du pouvoir qui est le levier pour le réaliser. Notre nation potentiellement grande est laissée pour compte dans la course à la civilisation technologique et les avantages du progrès humain et matériel en raison de la fermeté du système anti-peuple. Cependant, ce qui est le plus inquiétant, c'est qu'à ce étape de la lutte, les forces du changement sont plus divisées qu'elles ne l'étaient avant 1990.

Qu'est ce qui ne s'est pas bien passé?

Des décennies après, il est devenu clair pour tous que nous avons trahi la forte envie de changement. Nous voulions la changement du system impose par la France sans assurer un changement fondamental de nos mentalités, qui avaient été gravement infectées durant les années de léthargie politique. Oui, nous voulions du changement quand nous n'avions pas humanisé nos soi déshumanisés. Le changement que nous voulions était seulement en mots. Nous n'avons pas su réagir, répondre et ressentir les nouvelles exigences du changement en tant que un peuple renouvelé et revigoré. C'est pourquoi nous ne pouvions pas nous détacher des aspects les plus aveuglants de nos désirs irrationnels, afin de nous conformer au raisonnement et à l'enthousiasme. Nous ne nous sommes pas totalement préparés à rejeter les influences des années passées de colonialisme, de léthargie politique, de découragement, de malhonnêteté, de cynisme et de méfiance qui avaient saisi la noble âme Camerounaise. Notre désir de changement a presque été vaincu par les ennemis ouverts et cachés du changement à cause de nos phrases vides, de nos actions faibles et de nos rangs divisés. Les ennemis du peuple ont infiltré notre milieu, ont réduit notre énergie et nos actions, ont dénigré nos objectifs et ont empoisonné nos esprits. Les ennemis du peuple ont laissé les Camerounais, même ceux qui sont instinctivement les union-nationalistes (les civique-nationalistes qui ont lutte pour ou qui sont les héritiers de ceux qui se sont battus pour la réunification et l'indépendance des Cameroons Britannique et Cameroun Français), dans le désarroi.

Mais alors, qui sont ces ennemis du peuple?

Simplement, ils sont les criminels de l'esprit progressiste Camerounais, les obstacles à la réalisation du rêve centenaire du Cameroun pour une société désirable. Parmi les ennemis du peuple, il y a les anti-union-nationalistes, les pseudo-intellectuels, les politiciens sans scrupules, les hommes d'affaires vermineux, les fonctionnaires inconscients, les leaders névrosés et même nous les masses qui luttent pour le « Cameroun Nouveau ».

1) Les anti-union-nationalistes, également constitués de pseudo-nationalistes, peuvent être trouvés dans et hors du gouvernement de Paul Biya. Ces anti-union-nationalistes sont contre le rêve Camerounais centenaire - un idéal avancé imprégné de concepts progressistes Camerounais

qui vise à:

- Créer un véritable caractère bilingue pour la nation
- Combler le fossé dans le développement des territoires anglophones et Francophones
- Réaliser une mentalité Camerounaise nouvelle, désirable et humanisée à partir des différentes races de pensées et d'actions de ses enfants anglophones et Francophones

2) Les pseudo-intellectuels sont les anti-union-nationalistes avec le manteau supplémentaire de l'apprentissage avancé. Le fait qu'ils soient détachés du rêve Camerounais soumet leur haut savoir à une mauvaise utilisation. Ces pseudo-intellectuels défendent les failles de leurs attachements personnels, familiaux, cliques, ethniques, linguistiques et culturels au système à travers des mensonges injustifiables qui diffament la cause. Trouvez dans tous les niveaux de la société Camerounaise, ils s'allient facilement avec les forces internes et externes contre le peuple. Ils dominent le régime actuel et se distinguent par leur incapacité à rendre leur enseignement supérieur compatible avec la réalité Camerounaise et à contribuer au progrès socio-économique du Cameroun. Ils n'ont jamais interprété des idées, transmis des opinions et ils n'ont jamais travaillé pour les vraies aspirations du peuple au cours des six dernières décennies. Ces pseudo-intellectuels dirigés par Paul-Biya sont les plus grandes jonques au progrès pratique de cette nation. Ils se sont distingués comme ceux qui ont été spectaculaires dans un domaine, mais qui, par souci de publicité et d'intérêt

personnel, exposent au-delà des limites de leurs talents et de leurs connaissances et cherchent à éduquer, convaincre et tromper les mal informés et les indécis sur des sujets bien au-delà de leur portée. Tout en s'engageant dans cette tromperie, ces pseudo-intellectuels sont conscients du fait que certaines personnes les croient et les respectent en tant qu'intellectuels en raison de leurs réalisations académiques et en raison des évaluations qu'ils ont reçues dans leurs véritables domaines académique. Le fait qu'ils s'avancent sur les domaines bien au-delà de leur portée et de leur compréhension, tout en sachant qu'ils en savent peu, et tout en sachant que les gens ne savent pas qu'ils savent peu au-delà de leurs véritables champs, les rend criminels à l'esprit progressiste Camerounais. Au cours des quatre dernières décennies, les anti-union-nationalistes ont travaillé avec les pseudo-intellectuels et la puissance française pour donner aux Camerounais un faux concept d'eux-mêmes et pour faire dérailler et retarder les changements fondamentaux que nous avons lutté pour.

3) Les politiciens Camerounais manifestent les contradictions internes qui ont marqué notre scène politique au cours des six dernières décennies. Il a été observé avec clarté que notre politique est principalement une juxtaposition de pratiques anti-Francophones, de tendances anti-anglophones, d'ethnocentrisme, de régionalisme, d'élitisme, de démagogie et d'intérêt personnel. Peu de nos dirigeants politiques sont des union-nationalistes dans l'âme même si l'esprit Camerounais est instinctivement fier de l'identité Camerounaise et soutient le rêve d'une société

Camerounaise désirable. Les différents politiciens et groupements politiques reflètent très bien l'ampleur de leur adhésion à ces valeurs contradictoires. Tout de même, peu de nos politiciens ont indiqué leurs vraies positions sur les différents concepts. Beaucoup d'entre eux s'identifient insincérément avec aux groupements politiques populaires dont ils ne partagent pas les idéologies. Un regard sur ces politiciens peut nous donner un aperçu du dilemme auquel les union-nationalistes sont confrontés à dans la lutte.

- Les Francophiles ou anglophobes sont ces politiciens qui ont un penchant excessif pour les valeurs, les coutumes, les personnes, les institutions et / ou les mœurs françaises. Dans leur excès de zèle, ils défendent jalousement ou à regret leur goût pour tout ce qui est français en étant anglophobes dans leur rhétorique et dans leur actions. En plus d'être des Francophiles, ces politiciens sont ouvertement ethnocentriques, népotiques et égocentriques. C'est clair pour tous que les Francophiles ont dominé et dominent le système dans l'ancien régime d'Ahmadou Ahidjo et le régime actuel de Paul Biya.

- Les homologues des Francophiles sont les anglophiles ou les Francophobes. Ils partagent aussi l'ethnocentrisme, le népotisme et l'égocentrisme des Francophiles. Et ils, contrairement aux Francophiles, pensent que l'Angleterre, tout ce qui est Anglais et chaque action Anglaise est l'idéal. Ils ont été tout autant exclus de la vie politique du pays que les union-unionistes. Mais beaucoup d'entre eux cachent ou ont caché leurs tendances anti-françaises pour les avantages et les opportunités offertes par le système imposé par la France. Le fait que ces Francophiles et ces anglophiles se soient blottis dans tous les principaux groupes politiques rend difficile la réalisation du changement parce qu'ils constituent la principale force de division dans le pays. Dans l'accident le plus regrettable de notre histoire, le Cameroun a été dominé par les régimes minoritaires des Francophiles et leurs collaborateurs anglophones. Le temps a prouvé que cette alliance cauchemardesque et cette gouvernance ont conduit à la ruine de notre pays à l'état pitoyable qu'il est aujourd'hui. Tous les vrais union-nationalistes doivent assumer eux-mêmes la responsabilité d'atténuer les effets de l'amertume et de la méfiance qui existent entre certains dans nos communautés anglophones et Francophones.

- Une insulte aux esprits progressistes des Camerounais est le groupe de politiciens dont les partis politiques cherchent à obtenir d'intérêts individuels, tribaux ou des groupe— ce sont des politiciens qui affichent ouvertement leur mépris de l'intérêt collectif Camerounais. Le MDR de Diakolle Diasalla, l'UPC renégat d'Augustine Kodock, le PDC, etc. dominent ce groupe.

- Les Camerounais sont également conscients d'un

autre groupe ambigu de politiciens qui se sont également blottis dans des groupes politiques populaires qui ont un caractère national et qui sont considérés comme les véritables garants du changement. Ces soi-disant amis du peuple sont les plus haineux des Judases qui ont caché leurs vastes conceptions égoïstes et leurs traits de Francophilisme, anglophilisme, tribalisme, ethnocentrisme et régionalisme derrière la phrase générale de travailler pour l'intérêt du peuple. Grattez-les et vous trouverez les ennemis du peuple, leur vrai moi, qui vous regardent fixement. Cependant, leur impatience et la bonne volonté de la nature les forceront bientôt à sortir du courant dominant de la lutte.

Les peuples dont les rêves ont été trahis et dont l'enthousiasme et la dignité ont été minés doivent savoir qu'à moins que ces piliers de réaction, de conservatisme et de tromperie soient renversés ou rendus impuissants, nous serions toujours retenus dans nos véritables efforts de changement. Il faut comprendre que ces forces contre le changement persisteraient de manière trompeuse afin de maintenir leurs intérêts égoïstes et leurs motivations partiales. Leur fermeté fait qu'e c'est difficile pour les masses Camerounaises en difficulté de surmonter leur oppression et leur traumatisme, les forçant à faire seulement des protestations et des résistances désespérées, inintelligentes et futiles. L'intérêt des Camerounais ne serait garanti que dans une situation où ils resteraient totalement engagés dans leur soutien aux authentiques union-nationalistes Camerounaise (les Kamerunistes) qui sont les vrais amis du peuple.

4) Une autre série d'ennemis du peuple sont les hommes d'affaires sans scrupules dont le plan de jeu est de s'imposer économiquement par des moyens illégaux. Ils font des profits excessifs par l'évasion fiscale, l'extorsion, la fraude, le racket, la réalisation des bénéfices excessifs, le double jeu et la complicité dans la destruction gratuite et la vente des ressources du pays. Ces gens d'affaires sans scrupules sont indifférents au fait qu'ils dirigent le pays vers le bas. Le fait qu'ils soient en alliance avec le régime sans scrupules de Biya et qu'ils redoutent tout changement qui les obligerait à faire des affaires propres fait d'eux les ennemis de la cause du Nouveau Cameroun. La plupart de leur argent est caché dans des banques étrangères parce qu'ils craignent que le changement inévitable conduise à la confiscation. Un regard critique sur les activités des hommes d'affaires sans scrupules révèle qu'ils drainent plutôt qu'ils ne contribuent à l'économie Camerounaise. Ils devraient être découragés ou légalement handicapés s'ils refusent de faire des affaires de manière propre dans le Cameroun Nouveau. Ils sont une influence corruptrice à l'esprit d'entreprise progressiste, et ils posent comme un obstacle majeur au changement et à la modernisation. Ce convient de noter qu'ils placent un mauvais préséance pour les hommes d'affaires humanisés et progressistes qui émergeraient du nouveau système qui émergerait du changement fondamental, les nouveaux hommes d'affaires

dont les activités économiques seraient également destinées à soulager les normes du peuple Camerounais.

5) Pas moins un obstacle puissant au changement est le fonctionnaire. Depuis soixante ans, les nationalistes radicaux, les intellectuels, les gestionnaires honnêtes et les administrateurs compétents ont été si facilement transformés en fonctionnaires du gouvernement qui se consolent en pensant qu'ils travaillent pour le peuple et se débrouillent bien dans le cadre de la routine de bureau dans le système corrompu. Ils utilisent cette sens de bonté déclarée pour justifier leur inertie politique et le respect des politiques du régime de Paul Biya. Le fait que ces fonctionnaires aient donné leur allégeance inconditionnelle au système imposé par la France et le régime de Biya fait qu'il leur est difficile de lutter pour leur intérêt bien mérité du gouvernement. Cette difficulté auto-créée émane du simple fait que ces fonctionnaires ont toujours cru qu'une alliance sainte existe entre eux et les régimes, une alliance où ils devraient défendre le système même s'il était devenu irrémédiablement mauvais. Même si c'est évident que le régime de Biya a rompu unilatéralement l'alliance, ces fonctionnaires sont toujours dans l'inertie politique. A la suite du fait qu'ils aussi ont été les ennemis du peuple dans leurs actions et leurs adversaires du changement dans leurs intérêts passés, ils ont maintenant du mal à tenir compte de l'appel général au changement et à rejoindre les gens des rangs desquels ils viennent. Cette timidité et cette fierté stupide des fonctionnaires ne font que ralentir le vent du changement, malgré le fait que la réalité exige une alliance

entre eux et le peuple.

6) Les problèmes de leadership ont été la maladie infantile du Cameroun depuis la réunification et le soi-disant indépendance. Le fait que ses véritables dirigeants Camerounaises, soutenus par son peuple, aient été massacrés, exilés, mis à l'écart et aient été intimidés à la soumission par la France et des régimes fantoches Française d' Ahmadou Ahidjo et puis de Paul Biya, nous a laissé avec la malédiction de faux dirigeants. Oui, les six dernières décennies l'ont indiqué. Le spectre du leadership au Cameroun est un conflit de quatre types de leaders:

- Nous avons les mauvais dirigeants dont les directions ont fait beaucoup pour détruire le mode de vie et les valeurs progressistes du peuple Camerounais. L'usurpateur Paul Biya qui préside les affaires dans le pays en tant que président du Cameroun est un mauvais leader au sens classique du terme, et rivalise avec son prédécesseur dans ce domaine. D'autres mauvais dirigeants, mais de moindre négativité sont des personnalités politiques Camerounaises comme Augustine Kodock, Gustav Esaka, Diakolle Diasala, Achidi Achu et Bello Bouba Miagari.

- Les leaders brillants sont également dominants sur la scène politique Camerounaise. Ces dirigeants parviennent à faire eux-mêmes attirant au peuple même en dépit de leurs véritables intentions et convictions. Ce sont les démagogues et les renégats des idéaux auxquels ils s'associent. Dans ce groupe se trouvent des figures comme Ahmadou Ahidjo, Solomon Tandeng Muna, Mayi Matip, Hogbe Nleng, Peter Musonge, Woungly Masaga et d'autres personnalités politiques bruyantes mais insignifiantes. Moins visibles sont les renégats des partis populaires qui se font passer pour des union-nationalistes.

- Les figures politiques intelligentes ne sont pas absentes du jeu politique. Ils dépassent les gens et leurs valeurs, et défient leurs croyances à travers des manœuvres politiques qui ne servent que leur intérêt. Les leaders intelligents font réfléchir, regarder et travailler dans la direction de leur intérêts, de leur ego et de leur convictions, combinant parfois ses efforts avec des dons et d'autres gestes bienveillants inauthentiques. Il est regrettable que de nombreux Camerounais aient subi un lavage de cerveau pour chérir ces dons. Ahidjo et ses disciples dirigés par Bello Bouba Maigari sont les maîtres de cette tromperie.

- Les sages sont les types de dirigeants que le Cameroun a été le plus privé de. Ils sont des leaders qui sont réalistes dans leurs relations avec le peuple. Ils comprennent les difficultés, les espoirs, les peurs, les forces et les faiblesses des gens et essaient de les aider à réaliser leurs rêves. Ce sont les vrais amis du peuple, les véritables union-nationalistes depuis l'époque de Martin Paul Samba jusqu'aux générations des dirigeants historiques de l'UPC et jusqu'à nos temps contemporains. Mais on peux dire que malheureusement pour la lutte Camerounaise, aucun des dirigeants sages n'a jamais été autorisé à mobiliser le soutien de la majorité des Camerounais pour diriger le pays. Nous tenons les marionnettistes français et les régimes fantoches d'Ahidjo et de Biya responsables de cela.

7) Aussi déprimant que cela puisse paraître, un autre groupe d'ennemis du peuple est le porte-drapeau égocentrique. Ce sont les Camerounais qui se démarquent en tant que les artistes, les joueurs, les écrivains, les scientifiques et les représentants du pays à l'étranger qui, dans la quête de la gloire, cachent la détresse du peuple Camerounais derrière la façade du succès. Ils ne défendraient pas l'intérêt des masses qui luttent si cela signifie travailler contre leurs intérêts ici et à l'étranger.

8) Pour être honnête avec nous-mêmes, nous les masses qui luttent nous posent aussi comme un obstacle au changement. Nous avons souhaité la destruction du système corrompu, dégradant, oppressif et inhumain que la France a imposé sur le Cameroun sans nous débarrasser des mauvaises habitudes, valeurs et mentalités reconnues que nous avons acquises du système. Nous n'avons même pas commencé à vivre, à penser et à travailler selon les modèles que nous exigeons de la nouvelle société que nous avons l'intention de construire. C'est possible que même si nous

nous débarrassons du système actuel, nous nous trouvions incapables d'instituer le changement complet dont nous avons besoin parce que la plupart d'entre nous peuvent continuer à penser, à agir et à vivre de la façon que les régimes fantoches ont déformé nos esprits en train de faire. À bien des égards, nos mots seuls ont changé sans un changement correspondant en nous-mêmes. Pour que nous réalisions nos rêves, nous sommes censés correspondre à notre changement de mots avec un changement dans les modes de pensée et dans les actions. Si non, nous resterions nos pires ennemis.

Une revue sincère des activités politiques au Cameroun depuis le 26 mai 1990 révèle que le mouvement pour le changement a connu des reculs temporaires dans la troisième phase de la lutte Camerounaise. Ces échecs sont dus aux actions des anti-union-nationalistes, des pseudo-intellectuels, des politiciens sans scrupules, des hommes d'affaires vermineux, des fonctionnaires inconscients, des chefs névrosés avec un bon degré d'intelligence, d'éclat et de cruauté, ainsi que des majorité des Camerounaises souffrant d'incompréhension. Sans éclaircir nos rangs, sans être conscients de la discipline et l'appliquer d'autant plus, sans réévaluer nos engagements et nos objectifs, et sans humaniser notre moi déshumanisé, nous risquons d'errer un peu plus longtemps dans le désert de sans but, de l'inutilité et de l'incompréhension. Même lorsque nous arrivons au changement inévitable, nous pouvons être surpris de constater que nous sommes incapables d'exploiter pleinement notre potentiel à cause de nos anciens liens avec la mentalité et le système déshumanisants de l'après-indépendance.

LE 24 NOVEMBRE 1994   *Janvier Tchouteu*

Chapitre Deux

Le Cœur Hanté de l'Afrique

Un spectre se dessine dans la vie de tous les enfants Camerounais—les homme ou les femme. C'est le président qui vit dans le pays au milieu de l'Afrique, la terre qui est souvent décrit comme le microcosme du continent. Le spectre, c'est président Paul Biya du Cameroun. Lorsque des rumeurs se répandent comme une traînée de poudre en Juin 2004 qu'il venait de mourir, il y avait des scènes de liesse répandues dans tout le demi-million de kilomètres carrés du territoire appelée Le Cameroun. Quelques jours après, il est rentré de l'étranger où il avait passé par intermittence environ six mois chaque année depuis plus de deux décennies, et il a ensuite déclaré aux sycophantes attendant de le recevoir à l'aéroport qu'il y aurait un... "Rendez-vous dans 20 ans avec ceux qui me veulent mort..."

Les Camerounais ne sont pas les seuls qui lui ont mécru lorsqu'il a fait cette déclaration, entre autres choses. Beaucoup de ceux qui suivent les développements politiques dans le monde en général et en Afrique et au

Cameroun en particulier, étaient étonnés de son audace. Après tout, plus de 80% de la population Camerounaise détestait son règne; il était déjà au pouvoir depuis plus de deux décennies comme le chef de l'État, après avoir été premier ministre du pays (1972-1982), ou comme la deuxième personne la plus puissante dans le système mis en place par la marionnettiste (La France). Mais Paul Biya a prouvé que tout le monde n'était pas correct de leur avis de lui. Il réalisera une autre mascarade électorale et se déclara vainqueur des élections présidentielles en Octobre de 2004, et puis il a modifié la constitution du Cameroun en 2008, pour lui permettrait de briguer a deux autres mandats présidentiels de 7 ans (malgré la mort de 150 Camerounaises—qui ont proteste et qui ont été tuer, une tragédie causée par ses forces des armes), ce qui signifie qu'il pourrait être président jusqu'à l'année 2025 (un record de 43 années au pouvoir) quand il serait âgé de 92 ans. Au moment que Biya a tenu une autre mascarade appelée élection présidentielle en Octobre 2011, il avait déjà humilié avec succès les chefs de l'opposition qui sont reconnus au niveau international (les soi-disant leaders de l'opposition sont tous les anciens membres du parti unique du pays de 1972 à 1990, une partie que Paul Biya a dirigé depuis 1984), a promis de leur donner des positions dans son gouvernement, et il a fait savoir en termes clairs que le système et le marionnettiste (France) ne permettraient jamais un changement politique au Cameroun.

Le vieux de 81 ans, Paul Biya, est diversement décrite comme le Maradona (il simule et remporte les élections, tout comme Maradona a truqué et a marqué un but avec sa

"Main de Dieu ") de la politique Camerounais et Africains, le maître de la parricide présidentielle (il dévorait son prédécesseur qui a remis le pouvoir à lui— menant a l'exile du premier président Camerounais Ahmadou Ahidjo, le conduisant à sa mort et son enterrement à l'étranger (le Sénégal), le président absent, le président vindicatif, le président mal, etcetera, etcetera.

Pendant son histoire comme une colonie Allemande depuis 1884-1916, le Kamerun a été considéré comme une « Perle d'Afrique » pour son économie robuste et le taux d'alphabétisation le plus élevé dans le continent. Malgré la période d'instabilité au cours de la guerre de libération qui a pris fin quand les maîtres de tutelle (la France)ont remet le pouvoir à ceux qui n'ont jamais demandé et n'ont jamais se sont battus pour le pouvoir (les marionnettes qui constituent le système impose sur le Cameroun, malgré la récupération de son agriculture et la découverte du pétrole dans les années 1970 qui a aidé le Cameroun à émerger comme le huitième plus grande économie de l'Afrique et la deuxième en croissance la plus rapide du monde au début des années 1980, le Cameroun est aujourd'hui dans une forme horrible. Les économistes s'attendaient l'économie Camerounais à croître vingt fois au cours des trente prochaines années, mais l'économie n'a pas réussi à doubler. Tout a changé après Paul Biya a été remis le pouvoir en Novembre 1982 par le premier président Français installé Ahmadou Ahidjo. Depuis lors, le Cameroun a connu le plus grand détournement des fonds publics (proportionnellement) à un rythme qui n'a jamais été vu en Afrique. En fait, le Cameroun de Paul Biya détient le record en tant que le pays en Afrique qui a connu le pire appauvrissement en temps de paix depuis 1960.

Aujourd'hui, Paul Biya est à la tête d'un pays où plus de 80% de ses médecins sont à l'étranger, où plus de 90 % de ses titulaires de doctorat sont à l'étranger, où les Camerounais investissent à l'étranger plus que chez lui, où les Camerounais votent contre le système avec leurs pieds; aujourd'hui, les voisins du Cameroun qui, auparavant, enviaient le pays en raison de ses niveaux de vie élevés et donc ont considéré le Cameroun comme un lieu de refuge et de possibilités, trouveraient maintenant que les Camerounais les envieraient car ils vont de l'avant avec un sens de l'orientation alors que le Cameroun est en retard dans sa spirale vers une déclin économique, sociale et politique qui est totale, complète et terrible.

Les gens qui sont peu familières avec la situation Camerounaise se demanderont pourquoi une telle situation catastrophique persiste au Cameroun. Eh bien; la réponse est simple. Le Cameroun se trouve aujourd'hui dans une situation comme quelqu'un dans un sable mouvant en raison du système anachronique mis en place par la France Gaulliste lorsque le général Charles De Gaulle est revenu au pouvoir en 1958 et a décidé de transformer les anciennes colonies et territoires de la France en membres de l'Organisation des Nations Unies (ONU de la France), tout dans le but de contrôler ces terres avec des cordes transparentes ou invisibles cette fois-ci. Le Cameroun Français et le Cameroons Britannique du Sud ont apparemment obtenu leur indépendance et la réunification, mais les gens ont trouvé que le nouveau pays est quasiindépendant sous un modèle Français de contrôle diversement décrite comme la FrançAfrique. Le système a traumatisé, démoralisé, divisé et déshumanisé le peuple Camerounais au fil des ans.

Le système Gaulliste en place au Cameroun a été mis par les architectes de la politique Française en Afrique pour exclure les nationalistes qui militent pour la réunification et l'indépendance des territoires divisés de l'ex-Kamerun Allemand, du pouvoir politique. Donc, les union-nationalistes qui commandaient le soutien de plus de 80% de la population des deux territoires des anciens Cameroun Français et les Cameroons Britannique ont été mis sur la touche dans la pose de la fondation du Cameroun. C'est pourquoi le système est un partenariat d'intérêt impérial Français en Afrique (économique et politique) autrement connu comme la FrancAfrique et ses collaborateurs Camerounais (les renégats et les antinationalistes qui n'ont jamais été opposé et qui n'ont jamais remis en question mainmise néocoloniale du Cameroun par la France).

Le système a été efficace en infectant les esprits de beaucoup de Camerounais; le système à réduire les Camerounais à un état de désespoir et les attire de diriger leur énergie non pas au régime Biya et le système, mais à leurs voisins. Le système a élevé avec succès la corruption et la stratégie de "diviser pour régner" en un art—le system a promu la notion de colons et indigènes; le system a encouragé l'ethnocentrisme, le tribalisme, le clanisme, le chauvinisme régional, le sectarisme et d'autres formes de division. Nous voyons une absence totale et complète de la planification stratégique ou même tactique quand il s'agit de développement économique et social de la nation. Nous voyons une absence totale de solidarité sociale.

Pour aggraver la division et la confusion parmi les gens qui rejettent le régime de Paul Biya et le système imposé par la France, les soi-disant leaders de l'opposition que les Camerounais qui aiment la liberté avaient regardé comme leurs saveurs, ont été absorbée dans le système, laissant ainsi le peuple Camerounais en difficulté afin qu'ils se méfient des politiciens maintenant. Nous voyons aujourd'hui que le RDPC / le régime de Biya et la soi-disant opposition sont les deux faces d'une même pièce (le système que la France a imposé au Cameroun autrement appelé l'establishment politique Camerounais). En ce moment, les Camerounais piétinés sont dans un état de léthargie politique.

Lorsque Paul Biya a fait un appel pour la tenue d'élections sénatoriales en Avril 2013, dix-huit ans après son parlement a promulgué une loi pour créer le sénat; la plupart des Camerounais pensé que ce serait une autre mascarade, comme d'habitude. Il n'y avait aucune raison pour que les soi-disant partis de l'opposition avec un semblant de représentation au parlement pour glorifier la mascarade avec leur participation. La plupart des Camerounais connaissaient que le système soutenait financièrement ces soi-disant dirigeants de l'opposition et que certains d'entre eux étaient dans le gouvernement, mais les Camerounais n'ont pas été préparés pour la mesure dans laquelle ces politiciens étaient prêts à aller à insulter leur intelligence. Mais des accords entre le parti au pouvoir et l'opposition ont été faits. La mascarade électorale a eu lieu et les gens ont vu le parti au pouvoir campagne pour le soi-disant parti d'opposition principal (social-démocrate avant-SDF) dans certaines régions du pays, tandis que le SDF dans les mots de son président John Fru Ndi "... un service en vaut un autre ... ", a ouvertement soutenu le parti au pouvoir, assurant ainsi sa victoire dans d'autres régions du pays.

Comment cela pourrait-il pu se produire?

Les Camerounaises, un peuple qui ont été choqués politiquement se demandent depuis la fornication ouverte entre le parti au pouvoir et les soi-disant partis politiques de l'opposition en Avril 2013.

Pour éviter le chaos et pour assurer que le pays va avoir un successeur de Paul Biya dans une manière lisse ou douce, les porte-paroles et les apologistes sans scrupule du leader du SDF murmurent discrètement. Paul Biya a fait un accord avec le SDF de remettre le pouvoir à un de ses membres, des voix anonymes au sein du SDF font écho.

Si vous me demandez, ma réponse est claire. Ce qui devait être une révolution Camerounaise qui a commencé le 26 mai 1990, est devenu une comédie politique jouée par les anciens membres du système, une comédie politique qui a complété le cercle. Le vent du changement généré par les politiques de Glasnost et de perestroïka de Mikhaïl Gorbatchev qui ont emporté les régimes autoritaires en Europe de l'Est et en Afrique, et qui ont agité la grande majorité des Camerounais dans les années 1990 pour qu'ils

 JANVIER TCHOUTEU

aient risqué leur vie dans les rues pour exiger un changement politique, a été effectivement contrôlée par le système. Le désir de changement que plus de 80% des Camerounais avaient, a été détourné par le système autoritaire au Cameroun et les soi-disant dirigeants de l'opposition. Les différents peuples Camerounais ont été pris pour un tour.

La plus grosse erreur commise par les Camerounais, c'est que quand la clameur de changement a commencé, ils ont suivi les Camerounais qui n'avaient pas eu la légitimité politique comme les dissidents ou comme les gens qui étaient contre le système. Les peuple Camerounais ont suivi les gens qui à peine un an avant, étaient dans les échelons supérieurs du pouvoir dans le système, mais qui à l'époque ont affirmé qu'ils avaient quitté le parti au pouvoir et que maintenant ils opposent le système. Tous les soi-disant chefs de ce que le monde sait aujourd'hui comme les partis d'opposition proéminent au Cameroun (John Fru Ndi du SDF, Bello Bouba Maïgari de l'UNDP, NdamNjoya de l'UDC, etc.) étaient membres du parti au pouvoir jusqu'à l'année 1990, lorsque le système a été contraint d'accepter le multipartisme au Cameroun. Comme le joueur de flûte, ces soi-disant dirigeants de l'opposition au Cameroun ont attirés les peuple Camerounais vers la léthargie politique et vers le découragement. Un tel exploit a été réalisé parce que les Camerounais libéraux, les -nationalistes, les révolutionnaires, les démocrates et les patriotes qui avaient toujours rejeté le système, pensaient que ces soi-disant chefs de la nouvelle opposition, ces gens qui ont été les premiers à faire les mouvements de créer des partis politiques, partagé la vision du «Cameroun Nouveau " que les Camerounais se sont battus, sont morts et ont voté pour, une vision qui a réalisé la réunification et l'indépendance de la plupart de l'ancien Kamerun Allemande (une indépendance qui n'a jamais été réel car il s'est usurpé par le système mal qui est aujourd'hui sous la direction de Paul Biya et ses marionnettistes Français). Malgré le revers, cette vision réalisera la démocratie, la liberté, le libéralisme, le progrès, la justice, l'égalité et le développement.

Fausses sont les déclarations des membres de l'opposition compromisé que si ils n'avaient pas ouvertement embrassé le régime de Paul Biya et le système, ce serait le chaos au Cameroun au cas où Biya quitté la scène politique. La déclaration est fausse parce que le système au Cameroun est autoritaire, pas autocratique.

Les régimes autoritaires sont généralement recouverts avec une idée sublime qui pourrait être politique (comme Stalinisme/Marxisme/Communisme, fascisme etc.) ou qui pourrait être religieux (comme la théocratie Iranien et la règne de Taliban théocratie etc.) ou il pourrait d'un dispositif d'intérêt (FrancAfrique). Au Cameroun, le système est construit autour de la prévention de ceux qui croient en la lutte Camerounais (les union-nationalistes, autrement dit les Kamerunistes) de atteindre le pouvoir. Le système au Cameroun est une collection de groupes d'intérêts particuliers, qui unissent les propagateurs de néo-colonialisme Français et leurs collaborateurs Camerounaises. Paul Biya est à la tête des collaborationnistes. Et à bien des égards, il a agi au fil des ans comme un président absent. Pendant ce temps, l'état a fonctionné d'une manière d'un zombie pendant sa quasi-présence. Bien que l'agencement mortifiant convient les intérêts des marionnettistes et des bénéficiaires du système, l'arrangement a exposé le système à des soulèvements populaires parce que, ça signifie que les bénéficiaires du système ne sont pas clairement ou fonctionnellement organisé. Avec l'avènement des médias sociaux, la mondialisation, la maturité des générations post-indépendance qui n'a jamais bénéficié du système; et avec les soldats de la phase de la lutte des années 1990 qui se dissocient des dirigeants de la soi-disant opposition, le système autoritaire se trouve aujourd'hui encore plus vulnérables. Le système autoritaire serait confronté par une nouvelle force politique qui ne s'est jamais associé au système, une nouvelle force politique qui incarne l'esprit du vingtième siècle de la lutte pour "DIE NEUARTIG KAMERUN" ou "LE CAMEROUN NOUVEAU" qui a confronté le contrôle colonial d'Allemand pendant les premières années du siècle dernier, une lutte qui a confronte la duplicité Française dans le pays dans une guerre qui a décimé plus de la moitié d'un million des citoyens Camerounais; le système autoritaire serait confronté par une nouvelle force qui embrasse l'héritage de ceux qui ont combattu et ont voté pour l'indépendance et la réunification du Cameroun. Cette nouvelle force rejette toutes les valeurs du système que la France a mit en place pour contrôler le destin de Cameroun, un système vieux et mal de six décennies, qui ne peut que mener le pays en abîme.

Maintenant que les collaborateurs ouverts et cachés du système s'embrassent ouvertement (le parti au pouvoir et les soi-disant chefs des partis dits d'opposition) à partir de la récente mascarade sénatoriale, le système encourage la création de groupes d'élite de bénéficiaires qui voient ou pensent que leur survie politique et économique repose seulement sur la continuation ou la subsistance du système. Nous observons le développement d'un système capable qui supprime toute prétention du pluralisme politique limité; nous observons l'enracinement d'un système qui considère ouvertement les peuples Camerounais comme son ennemi numéro un. Un tel système devient alors autocratique.

En un mot, les soi-disant partis politiques d'opposition du Cameroun qui sont en symbiose avec le système autoritaire sont complices du système impose par la France sur les peuples Camerounaises, dans sa transition progressive vers un système autocratique, assurant ainsi sa survie sous une forme morphée. Ce système qui change rapidement à besoin d'un homme fort pour être vraiment autocratique. Ce serait quelqu'un qui a les mains sur le travail d'agir en tant que président, quelqu'un que les marionnettistes Françaises souhaitent présenter comme le despote bienveillant.

C'est la responsabilité de Camerounais des générations des 'après-indépendance' à rejeter quelle que soit la farce que le système présentera comme le changement n'importe quand le pouvoir de l'Etat passera à la génération d'après Paul Biya. En absorbant les anciens membres de son parti qui, depuis des décennies, se sont identifiées avec l'opposition, Paul Biya tente de donner aux peuples

Camerounais et le reste du monde l'impression que l'opposition du Cameroun est en harmonie avec sa vision de l'évolution politique nécessaire pour le Cameroun. Malheureusement, le système n'a pas l'intention de laisser la majorité des Camerounais pour participer ou d'avoir un mot à dire sur l'évolution politique du Cameroun.

Le Cameroun Nouveau sera fondé.　Pas par les bénéficiaires du système (passé et présent), mais par ceux qui ont toujours rejeté la mafia politique Camerounais comme un mauvais système imposé par la France qui a été conduit Cameroun en abîme.

Mais alors, à la fondation du Cameroun Nouveau, les Camerounais patriotique, impartial, honnêtes, progressistes et démocratiques, auraient à réconcilier un pays où:

- Le système impose par la France a fait en sorte que la plupart de ses figures historiques qui ont consacré leur vie et qui sont même morts pour la cause de la réunification et l'indépendance du Cameroun ont été tués et enterrés comme des chiens,

- Les corps de certains de ces personnages historiques qui s'est enterrés à l'étranger sont absents,

- Quelques-uns des personnages historiques qui ont pensé qu'ils pourraient contribuer à la consolidation de la nation ont été mis à l'écart, intimidé et humilié par le système,

- Son premier chef d'État est mort et est enterré à l'étranger,

- Et où les gens ont été insultés pendant plus de cinq décennies par les régimes d'Ahmadou Ahidjo et de

Paul Biya en utilisant un système imposé par la France, un système rejeté par la grande majorité des Camerounais, un système qui a semé les graines de la division, de la corruption, de la médiocrité, de la peur et du découragement qui hantent le Cameroun aujourd'hui.

Les idéaux du Cameroun Nouveau qui ont été ourdi par les nationalistes historiques du pays et au fil des ans par les Kamerunistes (les union-nationalistes) post- indépendance sont la seule chance ou espoir pour l'avenir du Cameroun. Le Cameroun Nouveau est le seul noyau autour duquel le Cameroun peut se réconcilier avec son passé turbulent; c'est le noyau que toutes les couches de la société Camerounaise peuvent se connecter dans le processus de construction de la nation; c'est le seul noyau autour duquel un Cameroun libre, démocratique, libérale, juste et prospère peut-être construit. Le Cameroun Nouveau conduirait le pays à prendre sa place méritée dans la région de l'Afrique Centrale, l'Afrique dans son ensemble et le monde en général. Cela ne serait possible que si nous limitons l'héritage des régimes d'Ahmadou Ahidjo et de Paul Biya qui incarnent le système suffocant que la France a imposé sur le Cameroun. Pour réaliser ce but, on doit jeter le système à la poubelle de l'histoire.

Janvier Tchouteu   *06/04/2013*

Chapitre Trois

Les Politiciens et les Révolutionnaires dans la lutte pour le nouveau Cameroun

Les politiciens ne sont pas ceux qui sont destinés à changer un système et de prendre un pays sortir d'une impasse dans l'avenir. C'est le travail des révolutionnaires.

Les politiciens fonctionnent dans les systèmes établis et faire le travail de la politique politicienne pour défendre, protéger ou promouvoir certains intérêts, qu'ils soient individuels, groupe, ethnique, régionale, linguistique ou national, sur la base des phrases vides ou par une formulation pensée clairement définie (idée ou un concept)

Révolutionnaires d'autre part sont ceux qui contestent un système, en attendant de le faire descendre et mettre en place un nouveau système qui servirait l'intérêt de la majorité foulé (la souffrance ou en difficulté des masses). Dans la cause de faire tomber le système, les révolutionnaires ne vous attendez pas à bénéficier ou se développer de la lutte. , Ils sont plutôt prêts à tout sacrifier pour la lutte.

Le plus triste est que si la lutte Camerounaise pour changer le système est une lutte révolutionnaire, la plupart des dirigeants dans les soi-disant partis d'opposition parlent de la politique et des récompenses attendues même si elles sont encore engagés dans la lutte pour changer le système.

Voilà pourquoi la plupart d'entre eux portaient atteinte aux idéaux de la lutte des excuses que '«*C'est impossible de vivre sur la politique propre comme une véritable opposition au Cameroun*». Il y a et il y a eu des Camerounais qui ont généreusement donné à leur valeur à la lutte et feutre il était déshonorant d'utiliser la lutte pour obtenir des avantages personnels. Ils ont été et sont les syndicats nationalistes et révolutionnaires.

Au cours de mes années d'implication dans la lutte, je me suis finalement rendu compte que le système (les régimes Ahidjo-Biya soutenu par le groupe de la mafia française contrôlant les affaires africaines) craint et respecté ces révolutionnaires et syndicaux-nationalistes pour leur authenticité, la nature et l'intégrité sans faille. Mais assez curieusement, les politiciens qui prétendent être dans l'opposition conçu une haine pour ces révolutionnaires et nationalistes syndicaux juste parce que ces révolutionnaires et nationalistes syndicaux sont authentiques et ne sont pas comme eux, et parce qu'ils regardent avec horreur à la tromperie des politiciens qui tentent de vivre la politique politicienne et ce faisant, compromis la lutte et trahi les aspirations des masses en lutte.

Curieusement, nous avons échoué dans cette phase de la lutte (1990-2002) parce que les politiciens ont mené la lutte pour changer le système (une demande révolutionnaire) au lieu des révolutionnaires et des syndicats nationalistes qui sont beaucoup moins susceptibles d'être compromises par les valeurs négatives de le système français imposé anachronique.

Janvier Tchouteu   *Vendredi, 15 Avril 2005*

Chapitre Quatre

Le Démantèlement du Système

La lutte pour démanteler le système imposé par la France et le régime de Biya est réalisable. Et cette quête de changement est une continuation de la lutte civique-nationaliste du Cameroun qui a commencé à la fin des années 1940, et qui est à large base et dépourvue d'illusions. Tout ce que toute autre lutte peut accomplir est une impasse militaire qui, en réalité, soutiendrait le système même en l'absence de Paul Biya, lui donnerait un peu de vie, même si elle serait moins efficace pour gouverner le Cameroun, surtout anglophone. Cameroun. Pendant ce temps, ce serait la dévastation pour le Cameroun anglophone.

Toute stratégie doit donc être orientée vers une large alliance et un lien avec la réalité (en tenant compte des réalités Camerounaises et mondiales). Malheureusement, les réalités du monde sont des choses que la plupart des Camerounais, en particulier le leadership pour un Cameroun anglophone indépendant, ou ce qui était l'ancien Cameroun occidental, l'ancien Cameroun Britannique du

Sud et l'ancien Südwesten Kamerun Allemand (appelé Ambazonia) sont naïfs de. Je commence à voir une réalisation naissante. Le Kamerun Allemand était considéré et traité comme un territoire conquis par les puissances occidentales, et aucun d'entre eux n'appréciait l'idéal nationalisme-civique Kamerunaise de la réunification, et encore moins l'audace de prendre les armes contre "Les Dieux". Toutes les puissances occidentales conditionnées par leur crainte de l'Union Soviétique (URSS) et du communisme, pensaient que les Camerounais se penchaient vers l'Est. Et ce sont des alliés qui resteront toujours ensemble.

La question pour les Camerounais déshumanisés par le système imposé par la France depuis six décennies et les dictatures de leurs marionnettes Ahmadou Ahidjo (Premier ministre de 1958-1960 et président ou chef d'Etat de 1960-1982) et Paul Biya (1972-1982 en tant que Premier ministre et 1982- aujourd'hui en tant que président ou chef d'État) sont:

1. Comment les Camerounais peuvent-ils reconstruire l'alliance élargie contre le système accompli au début des années 1990, quand les nationalistes-civiques qui s'étaient auparavant identifiés à l'UPC rejoignirent le SDF et en firent un parti nationaliste-civique avec la représentation national qui embrassa pleinement le rêve de le "NOUVEAU CAMEROUN", le rêve du "Nouveau Cameroun" qui a alimenté la lutte de l'UPC contre la France et sa marionnette Ahmadou Ahidjo, le rêve du "Nouveau Cameroun" qui a poussé l'imagination de la parti

politique de John Ngu Foncha—le KNDP, Kamerun National Democratic Party, et la parti politique de Nde Ntumazah et Albert Mukong OK—(One Kamerun) etc. dans la campagne pour la réunification chemin qui continuait à rejeter les régimes Ahidjo et Biya (le système imposé par la France) même après que les renégats de l'UPC, du KNDP, du SDF etc. se soient conciliés avec le système, les rendant complices alors que le système continue de mener le Cameroun dans les abysses?

2. Comment les Camerounais peuvent-ils reconstruire cette large alliance nationale instinctivement Camerounaise et qui s'efforce de construire le Nouveau Cameroun qui tiendrait compte des Espoirs, Rêves, Réserves, Peurs, Préoccupations, des forces des différents peuples du Cameroun, tout en respectant les menaces (internes et externes) qui pèsent sur notre pays lourdement traumatisé, qui est le seul marché du Cameroun à l'avenir?

3. Et comment les défenseurs du changement travaillent-ils ensemble pour démanteler le système et construire le «Cameroun Nouveau» qui a commencé en 1910 comme une cause dirigée par Martin Paul Samba et Rudolf Douala Manga Bell, une cause qui en est à sa quatrième phase trois tentatives infructueuses, toutes contrecarrées par des puissances étrangères qui dominent le Cameroun.

Et plus tôt ceux qui se croient équipés pour mener le Cameroun et les Camerounais s'en rendent compte, alors mieux c'est pour eux-mêmes et pour les Camerounais. Cette réalisation serait un avancement psychosocial très peu de personnes qui prétendent que les qualités de leadership peuvent s'élever.

Janvier Tchouteu   *17 Mai, 2018*

Glossaire

Adamaoua	La province (région) la plus méridionale qui a été taillé dans l'ancienne province (région) du Grand Nord. C'est une région de plateau.
Akonolinga	Une ville dans la province (région) du Centre. C'est également la capitale de la Nyong et Nfomou.
Akum	Un Peuplement Ngemba 9 miles de Bamenda sur la route Bafoussam-Bamenda. Il est aussi un royaume Ngemba traditionnel et le dialecte des gens là-bas.
Ambam	Une ville dans la province (région) du Sud. C'est le capital de subdivision du département de Ntem.
Ashia	Mot utilisé par les Camerounais à

exprimer la sympathie, la condoléance, la consolation, l'encouragement, la compassion, l'harmonie, la compréhension, l'accord, la reconnaissance et la prudence.

Bafang

La capitale du département de Haut-Nkam et un royaume Bamiléké dans la province (région) de l'Ouest.

Bafaw

Le principal groupe ethnique dans la région qui comprend la municipalité de Kumba. Il fait partie du groupe bantou plus.

Bafedja

Un Peuplement et Un royaume Bamiléké dans le département de Nde ou le département de Banganté, la province (région) de l'Ouest.

Bafoussam

La capitale de la province (région) de l'Ouest et du département de Mifi. Aussi un royaume traditionnel Bamiléké.

Bafut

Un Peuplement et royaume Ngemba traditionnel à environ de 18 miles de Bamenda dans la province (région) du Nord-Ouest.

Bakweri	Le principal groupe ethnique du département de Fako, qui est situé dans la province (région) du Sud-ouest. Les Bakweriens sont des Bantous du sous-groupe Sawabantu.
Balengou	Un Peuplement Bamiléké et royaume du département de Nde, province (région) de l'Ouest.
Bali	Un Peuplement Chamba et royaume à environ de 18 miles au nord de Bamenda, dans la province (région) du Nord-Ouest.
Bamena	Un Peuplement Bamiléké et royaume du département de Nde, province (région) de l'Ouest.
Bambili	Un Peuplement et royaume Ngemba environ 9 miles au nord de Bamenda dans la province (région) du Nord-Ouest.
Bambui	Un Peuplement Ngemba et royaume à environ 6 miles au nord de Bamenda dans la province (région) du Nord-Ouest.
Bamenda	La capitale de la province (région)

	du Nord-Ouest et du département de Mezam.
Bamendjou	Un Peuplement Bamiléké et royaume du département de la Mifi, province (région) de l'Ouest.
Bami (Bamiléké)	Diminutif de Bamiléké.
Bamiléké (Bami)	L'ethnicité semi-bantou le plus peuplé et le principal groupe ethnique au Cameroun. Il est aussi leur langue maternelle.
Bamilekéland (Terre Bamiléké)	La moitié ouest de la province (région) de l'Ouest, avec des franges dans les province (région)s du Nord-Ouest et du Sud-ouest. Il comprend cinq divisions administratives, environ quatre-vingt dix royaumes traditionnels, et onze groupements dialectiques.
Bamoun	Une ethnie semi-Bantous et l'un des groupes principaux ethniques au Cameroun. Aussi leur langue maternelle.
Bamounland (Terre Bamoun)	La moitié est de la province (région) de l'Ouest.

Bandekop   Un Peuplement Bamiléké et royaume dans la Mifi Division, province (région) de l'Ouest.

Banganté   Le plus grand royaume Bamiléké, la capitale du département de Nde, son ancien nom. Trouvé dans la province (région) de l'Ouest.

Bangou   Un Peuplement Bamiléké et royaume du département de Haut-Nkam, province (région) de l'Ouest.

Bangoua   Un Peuplement Bamiléké et royaume du département de Nde, province (région) de l'Ouest.

Bangoulap   Un Peuplement Bamiléké et royaume du département de Nde, province (région) de l'Ouest.

Bantu   Un grand groupe de peuples négroïdes d'Afrique centrale, d'Afrique du Sud et Afrique de l' Est qui habite les forêts du Sud-ouest, du Littoral, du Centre, du Sud et dans les province (région)s de l' Est du Cameroun. Ils sont aussi le plus grand constituant de la race

Négroïde ou Noir.

Bassa	Le principal groupe ethnique dans la province (région) du Littoral. Ils sont les Bantous. On trouve également dans la province (région) du Centre du Cameroun.

Batoufam — Un royaume Bamiléké dans le département de Mifi, province (région) de l'Ouest.

Bawok (Bahouok, Bahouoc) — Un royaume Bamiléké parlant les dialectes Medumba, dans les provinces (régions) de l'Ouest et du Nord-Ouest. Les principaux sont les suivants:

- Bawok-Banganté ou Banganté-Bawok est un royaume traditionnel Bamiléké trouve dans la subdivision de Banganté, Division Nde. Une grande partie du royaume est situé dans la ville de Banganté. Après une série de conflits au début du XXe siècle, elle a perdu la majeure partie de son territoire aux royaume Bamiléké environnants, avec ses sujets qui migrent vers d' autres régions du Cameroun et même fonder de nouveaux royaumes.

- Bawok-Bali ou Bali-Bawok: Emanation du royaume de mère de Bawok-Banganté, fondée en 1907 avec l'aide de royaume amical de Bali-Nyonga. C'est une enclave dans le peuplement de Bali (*Fondom* ou royaume)

Bayangam   Un Peuplement Bamiléké et royaume du département de la Mifi, province (région) de l'Ouest.

Bazou   Un royaume Bamiléké dans le département de Nde, province (région) de l'Ouest.

Beti   Diminutif de Beti-Pahuin. C'est également une subdivision du groupe Beti-Pahuin des langues et se décompose plus loin dans Ewondo, Eton, Bane, Mbida-Mbane et Mvog-Nyenge.

Beti-Pahuin   Diminuted ou raccourci à Beti, ce groupe de peuples apparentés constitue le troisième principal groupe ethnique au Cameroun. La patrie ethnique du peuple Beti-Pahuin est dans les province (région)s du Centre et du Sud, avec des franges et des enclaves dans la province (région) de l'Est. Ils sont de langue Bantoue et comprennent les éléments suivants:

- Beti (Ewondo, Bane, Mbida-Mbane, Mvog-Nyenge et Eton),
- Fang (Fang bonne, Ntumu, Mvae et Okak)
- Bulu (Bulu, Fong, Mvele, Zaman, Yebekanga, Yengono, Yembama, Yelinda, Yesum et Yekebolo).

Les petites tribus ou groupes ethniques Pahuinised par le Beti-Pahuins tels que les Baka, Bamvele, Manguissa, Yekaba, Evuzok, Batchanga (Tsinga), Omvang, peuples Yetude.

Les Beti-Pahuin sont également indigènes en Guinée équatoriale, le Gabon et la République du Congo.

Betiland

Les régions parlant Beti-Pahuin du Cameroun (étend de la moitié sud de la province (région) du Centre, aux parties centrale et orientale de la province (région) du Sud et se prolonger en marge dans la province (région) orientale), Guinée équatoriale (Rio Muni), le Gabon (la moitié nord), la République du Congo (nord-ouest) et São Tomé et Príncipe.

Biafra
L'état de courte durée Ibo dominé qui a fait sécession du Nigeria au cours de la guerre 1966-1970 civile nigériane.

Bota
Une banlieue de Limbe, Fako, Province (région) du Sud - Ouest.

Cameroun Britannique
Le tiers occidental de l'ancien Kamerun Allemand qui est tombé sous le contrôle Britannique après la partition de la colonie Allemande. Ce comprenait Cameroun Britanniques du Nord (Cameroun Septentrional Britannique) et Cameroun Britanniques du Sud.

Boumnyebel
Un village Bassa dans le département de Nyong et Kelle, province (région) du Centre.

Buéa
La capitale ville de la province (région) du Sud-ouest et ancienne capitale du Kamerun Allemand.

Bulu	L'un des peuples du groupe ethnique Beti-Fang avec une patrie dans la province (région) du Sud.
Cameroun Britannique du Nord (Cameroun Septentrional Britannique)	Le Nord de la moitié de Cameroun Britanniques qui a voté pour unir avec le Nigeria en 1961, après le plébiscite controversé des Nations Unies sur le territoire.
Cameroun Britannique du Sud (Cameroun Meridional Britannique)	Le sud de la moitié de Cameroun Britanniques. Fait partie de la Fédération de Cameroun en 1961 suite à un référendum qui a abouti à sa réunification avec l'ancien Cameroun Français. Il comprend les province (région)s du Nord-Ouest et du Sud-ouest du Cameroun.
Cameroun Français	Le deux tiers de l'ancien Kamerun Allemand qui est tombé sous le contrôle des Français après la partition de la colonie Allemande par la Grande-Bretagne et la France. Il est devenu un territoire Français sous mandat de la Société des Nations et un territoire de confiance plus tard sous l'Organisation des Nations Unies 1918-1960.

Pidgin Camerounais	Aussi appelé créole Camerounais ou Kamtok, il est le pidgin Anglais parlé au Cameron. Il y a cinq variantes.
CENER	(*Centre National des Etudes et de Recherche*)—Acronym du service de renseignement secret du Cameroun qui a été modifié en 1984 à *Direction Générale de la Recherche Extérieures* (DGRE) Directrice générale Direction de la recherche externe.
Province (Région) du Centre	Province (région) centrale du Cameroun. C'est constitué de Huit Départements.
CNU (Cameroon National Union) ou (Union Nationale du Cameroun) UNC	Parti formé en 1966 de la fusion des partis politiques opérant au Cameroun. Il a été dirigé par le premier président Camerounais Ahmadou Ahidjo.
CPDM (Cameroon People's Democratic Movement) ou RDPC (Rassemblement Démocratique du	Le CNU (UNC) rebaptisé en 1985.

Peuple Camerounais)

CU (Cameroonian Union) ou (L'Union Camerounaise)

Parti formé par Ahmadou Ahidjo.

Douala

La plus grande ville, la capitale économique du Cameroun et la capitale du département de Wouri et de la province (région) du Littoral.

Duala

Un peuple Bantous du sous-groupe Sawabantu, ils sont le principal groupe ethnique du département de Wouri et de la ville de Douala.

Cameroun de l'Est

L'unité fédérale de langue Française du Cameroun 1961-72. Il a été formé à partir de l'ancien Cameroun Français.

Est— Province (région)

La moitié sud-est du Cameroun. La province (région) de l'Est a quatre divisions avec Bertoua comme capitale.

Eton

L'un des peuples du groupe ethnique Beti-Fang. Il sont trouvé dans la province (région) du Centre.

Ewondo	L'un des peuples du groupe Beti-Fang. Il sont trouvé dans la province (région) du Centre du Cameroun.
L'Extrême-Nord	Une province (région) dans l'extrême nord du Cameroun. Ce comprend six divisions.
Forces Françaises Libres	Ils étaient des combattants Français et Francophones qui ont continué la lutte contre l'axe puissances de l'Allemagne, l'Italie et le Japon, même après la France capitule et a signé un accord d'armistice avec l'Allemagne Nazie en Juin 1940. Il a été formé par le général Charles De Gaulle, qui était un membre de le cabinet Français en visite officielle en Grande-Bretagne au moment de la cession. Général Charles De Gaulle a oppose fermement le capitulation Française et l'armistice signé par le nouveau régime dirigé par le maréchal Pétain qui a créé le régime de Vichy dans le sud de la France, permettant ainsi au nord du pays sous occupation Allemande. Il a appelé la résistance contre le contrôle Allemand de la France et de ses marionnettes collaborationniste

de Vichy. Le mouvement a attiré des recrues principalement de l'empire Français, en particulier de l'Afrique Centrale Française, dont le Cameroun Français était la base à l'époque, sous le nouveau gouverneur de Jacques Philippe LeClerc. Philippe LeClerc a mené la première grande victoire de Forces Françaises Libres dans la guerre avec la capture en 1941 de Koufra, une ville dans la colonie Italienne de la Libye. Il a incorporé les forces de l'ancien régime de Vichy dans les colonies de 1943 et a vu ses rangs gonflés par des Français après le Débarquement du Jour (Débarquement de Normandie). Les Forces Françaises libres ont atteint leur plus grande gloire avec la libération de Paris en Août 1944, dirigé par la 2e division blindée Française, car il avait le plus petit nombre de Noirs dans ses rangs. À la fin de la guerre, le mouvement Libre Français constituait la quatrième force militaire en Europe, la lutte contre les puissances de l'Axe. Les partis politiques de droite en France ont été dominées par ses membres et l'idéologie de son fondateur appelé gaullisme.

Fulfulde (Peul, Pulaar, Pular)	Une langue Sene-Gambienne parlée par les Peuls.
Peul (peul peul, Fellata ou peul)	Un peuple mélangé de négro-touareg peuplant la savane du Soudan à Sene-Gambie, ils comprennent trois groupes à savoir:

1. Les Mbororo, Bororo, Burure ou Abore qui sont des pasteurs.

2. Le Fulanin Gida, Ndoowi'en ou Magida, qui sont totalement sédentaires.

3. Les Peuls semi-sédentaires qui sont en fin de compte agronome et reprennent le pastoralisme, mais souvent forment des communautés permanentes.

Les Foulanis, Peuls ou Peuls sont le deuxième groupe ethnique le plus peuplé au Cameroun. Ils sont trouvé principalement dans les province (région)s du nord de l'Adamaoua, du Nord et de l'Extrême-Nord. Leur langue est la lingua franca de cette partie du Cameroun.

Foumbam	La capitale du département de Noun et de Bamounland. C'est trouvé dans la province (région) de l' Ouest.
Foumbot	Une colonie agricole dans le département de Noun.
Cameroun Français	Le deux tiers de l'ancien Kamerun Allemand qui est tombé sous le contrôle des Français après la partition de la colonie Allemande par la Grande-Bretagne et la France. Il est devenu un territoire Français sous mandat de la Société des Nations et un territoire de confiance plus tard sous l'Organisation des Nations Unies 1918-1960.
FSD (Front Social-Démocrate) ou *SDF (Social Democratic Front)*	Le parti politique connu comme le leader d'opposition au Cameroun. Le FSD est dirigé depuis sa création le 26 Mai 1990 par John Fru Ndi.
Garoua	La capitale de la province (région) du Nord et du département de la Bénoué.

Graffi	Mot pidgin d'origine Allemand pour un champ d'herbe. Un nom souvent appliqué collectivement aux peuples semi-Bantous des province (région)s du Nord-Ouest et de l'Ouest du Cameroun.
Graffiland (Terre Graffi)	Le mot Camerounais pour les Hauts Plateaux de L'Ouest, ou les Bamenda Grassfields—le région des prairies montagneuses des province (région)s du Nord-Ouest et de l'Ouest du Cameroun. Il comprend la terre Bamiléké (Bamilekéland) et la terre Bamoun (Bamounland) dans le sud et le la terre Ngemba (Ngembaland), la terre Chamba (Chambaland) et la terre Tikar (Tikarland) dans le nord.
Ibo	L'un des quatre groupes principaux ethniques du Nigeria. Ils sont trouvé dans le sud-est.
Idenau	Une ville dans la région de Fako, province (région) du Sud-ouest.
Kamveu	Conseil local des notables entre les différents royaumes bamiléké.
Koufra (Kufra)	Un Peuplement important de l'Oasis

mais isolé dans le sud-est du désert libyen qui était d'une importance stratégique pour la campagne d'Afrique du Nord pendant la Seconde Guerre mondiale. Sa capture des Italiens par les Forces Françaises Libres a marqué la première grande bataille remportée par la France dans la guerre, renforçant ainsi le prestige du général Charles De Gaulle et le moral des forces anti-Vichy qui étaient démoralisés.

Koutaba

Un Peuplement dans le Bamounland, le département de Noun, et le province (région) de l'Ouest. Aussi une base aérienne importante et une base de l'armée au Cameroun.

Kumba

La plus grande ville de la province (région) du Sud-ouest et la capitale du département de Mémé. C'est situé à environ de 70 miles au nord de Limbe.

KNDP (Kamerun National Democratic Party) ou PNDK (Parti National et Démocratique du Kamerun)

Une parti politique des nationaliste-civiques dans le Cameroun Britannique. Il a mené la campagne qui a réalisé la réunification du Cameroun Britanniques du Sud avec l'ancien Cameroun Français.

Limbe	L'ancien Victoria. C'est la capitale de la région de Fako dans la province (région) du Sud-ouest.
Littoral—Province (région)	Le province (région) côtière du Cameroun. Il se compose de quatre divisions.
Loum	Une ville agricole dans le département de Moungo, dans le nord de la province (région) du Littoral.
Maguida (Magida)	Nom utilisé par erreur pour les peuples musulmans du Nord du Cameroun qui a pris naissance du troisième groupe de Peuls—le Fulanin Gida, comprenant les communautés peules pleinement sédentaires.
Mamfe	La capitale du département de Manyu dans la province (région) du Sud - Ouest.
Manjibo	Un village Bamoun dans le département de Noun.

Mankon

Mankon est un royaume Ngemba et une partie de la ville de Bamenda, dans le département de Mezam, la province (région) de Nord-Ouest .

Maroua

La capitale de la Province (région) d' Extrême Nord, et aussi la capitale du département de Diamaré.

Mayo Tsanaga

Un département dans la province (région) de l'Extrême-Nord du Cameroun.

Mayo Tsava

Un département dans la province (région) de l'Extrême-Nord du Cameroun.

Mbengwi

La capitale du département de Momo dans la province (région) du Nord-Ouest.

Mboh

Un peuple Bantous de la Moungo-dans la province (région) du Littoral, avec des franges de leur pays d'origine dans le sud-ouest et province (région)s de l'Ouest.

Mokolo

Capitale du département de Mayo Tsanaga.

Molyko

Une banlieue de Buéa dans la province (région) du Sud-ouest.

Mora

La capitale du département de Mayo Tsava Division.

Mutengene

Une ville de jonction à Limbé, Buéa et Tiko, dans le département de Fako, province (région) du Sud-ouest.

Nde

Autrefois appelé le département de Banganté. Il se trouve dans la province (région) de l'Ouest.

Ngaoundéré

Capitale du département de Vina et de la province (région) de l'Adamaoua.

Ngemba

Un peuple du groupe semi-bantou. Les peuples Ngemba se trouvent dans la moitié nord du Prairie du Cameroun (les Hauts Plateaux de l'Ouest), principalement dans les départements de Mezam et de la province (région) Momo du Nord-Ouest. Les personnes Ngemba dialectes.

Ngembaland

La partie sud-ouest de la province (région) du Nord-Ouest qui se compose de plusieurs royaumes traditionnels ou fondoms parlant des dialectes étroitement liés.

Nkongsamba — La capitale de la Moungo du Cameroun. C'est également la plus grande ville de la région.

Nkwen — Un royaume Ngemba traditionnel et une partie de la ville de Bamenda.

Nord—Province (région) — Central des province (région)s du Grand Nord. Il comprend quatre divisions.

Nord-Ouest Province (région) — Une province (région) de l'ancienne unité fédérale du Cameroun occidental et l'ancien territoire du sud de la Colombie Cameroons. Peuplée par des groupes semi-Bantous de haut-parleurs Tikar, Ngemba et Chamba. Leurs compatriotes de la province (région) du Sud-ouest appellent collectivement les "Graffis".

Nzui-Mantor — Le mot Banganté-Bamiléké pour la panthère ou léopard.

OK
(One Cameroon) —
Kamerun est Un

Emanation de l'UPC après qu'il a été également interdite dans Cameroons Britannique.

Ouest—Province
(région)

La moitié sud des Hauts Plateaux occidentales du Cameroun. Elle est peuplée par les peuples bamiléké et Bamoun. C'est également centre culturel et agricole du Cameroun, et se souvient de son rôle historique en tant que centre du nationalisme du pays et la lutte de libération contre l'armée Française dans le pays. Il comprend les six divisions de Bamboutous, Menoua, Mifi, Nde, Noun et du Haut-Nkam.

Peul

Un terme Français pour Peuls emprunté à la langue Wolof.

Pidgin Camerounais

Aussi appelé créole Camerounais ou Kamtok, il est le pidgin Anglais parlé au Cameron. Il y a cinq variantes.

RDPC (Rassemblement Démocratique du Peuple Camerounais), appelé *CPDM (Cameroon People's Democratic Movement)*

C'est le parti au pouvoir dans le Cameroun. Son ancien nom (1966-1985) était l'Union Nationale Camerounaise (UNC), formé en 1966 par la fusion des partis politiques au Cameroun. Avant cela, íl s'appelait l'UC

en Anglais	(Union Camerounaise), l'ancien parti politique fondé par Ahmadou Ahidjo, l'ancien président de la République du Cameroun. Le RDPC/UNC/UC a été le parti au pouvoir depuis le soi-disant 'indépendance du Cameroun en 1960. Paul Biya est le président du parti.
SDF (Social Democratic Front) ou FSD (Front Social-Démocrate)	Le parti politique connu comme le leader d'opposition au Cameroun. Le FSD est dirigé depuis sa création le 26 Mai 1990 par Ni John Fru Ndi.
Semi-Bantous	Les peuples uniques et non apparentés en Afrique, comprenant les peuples Bamiléké, Bamoun, Tikar, Ngemba et Chamba.
Sokolo	Une banlieue de Limbe, Province (région) du Sud-ouest.
Sud—Province (région)	Une province (région) côtière du sud du Cameroun. Il comprend les trois départements de Ntem, Océan, et Dja et Lobo.
Sud-ouest— province (région)	Un province (région) côtière du Cameroun situe dans le sud-ouest du pays. Il dispose de quatre

départements. Autrefois une partie de Cameroun Britanniques du Sud et l'unité fédérale du Cameroun Ouest.

Tcholliré	La capitale du département de Rey Bouba dans la province (région) du Nord.
Tiko	Une ville côtière dans le département de Fako dans la province (région) du Sud-ouest.
Tonga	Un Peuplement Bamiléké et royaume du département de Nde, le province (région) de l'Ouest.
Touareg	Un peuple Berbérophones du groupe Amazigh vivant dans le Sahara central du sud de l'Algérie et la Libye, Tripolitaine au milieu Niger et les frontières du nord du Nigeria. Ils se sont déplacés à l'intérieur du désert du Sahara pour échapper à l'invasion Arabe de l'Afrique du Nord au 7ème et 8ème siècle.
UDC (Union Démocratique du Cameroun) ou CDU	Un parti politique au Cameroun fondé par Adamou Ndam Njoya, ancien ministre du régime Ahmadou Ahidjo.

(Cameroon Democratic Union) en Anglais

UNC (Union Nationale du Cameroun) ou CNU (Cameroon National Union)

Parti formé en 1966 de la fusion des partis politiques opérant au Cameroun. Il a été dirigé par le premier président Camerounais Ahmadou Ahidjo.

UNDP (Union Nationale pour la Démocratie et le Progrès) ou *National Union for Democracy and Progress (NUDP)* en Anglais

Un parti politique au Cameroun fondé par Samuel Eboua, ancien ministre du régime Ahmadou Ahidjo. Bello Bouba Maigari, ancien Premier ministre du régime de Biya, a usurpé la direction du parti et en a été le président depuis 1992.

UPC (Union des Populations du Cameroun)

Première partie nationale et nationaliste au Cameroun. L'UPC historique a été formé en 1948. Banni en 1955, elle a eu recours à une lutte armée qui a continué jusqu'aux années 1960.

Victoria

L'ancien nom de Limbe, une ville qui été fondée en 1857 par des missionnaires pour comme un colonie des esclaves secourus ou libérés.

Wolowose

Un mot Camerounais pour une pute.

Wum

La capitale du département de Menchum dans la province (région) du Nord-Ouest.

Yaoundé

deuxième plus grande ville du Cameroun et la capitale nationale. De plus la capitale de la province (région) du Centre et du département de Nfoundi.